Europäischer Referenzrahmen A2

Das Abenteuer eines Regentropfens
A Aventura de um Pingo de Chuva

Glória de Oliveira Frank

Uma aventura em português / Ein Abenteuer auf Portugiesisch

Zweisprachig

Die Geschichte ist in gleicher Weise für VHS-Lernende wie für Gymnasiasten gedacht.
Ihnen allen möchte ich für ihre Anregungen herzlich danken,
nicht zuletzt meinem Sohn Marco und meiner Kollegin Maria Aureliano.
A todos muito obrigada. Espero que gostem tanto da história como eu gostei de a escrever.

Para a minha mãe que me ensinou que voar é importante,
mas o essencial é reconhecer o valor das coisas e das pessoas.
Für meine Mutter, die mich gelehrt hat, dass Fliegen wichtig ist,
aber dass es das Wesentliche ist,
den Wert der Dinge und der Menschen wahrzunehmen.

Illustrationen: Heinrich Wood

Bibliografische Information der Deutschen Nationalbibliothek
Die Deutsche Nationalbibliothek verzeichnet diese Publikation in der Deutschen
Nationalbibliografie; detaillierte bibliografische Daten sind im Internet über
http://dnb.dnb.de abrufbar.

© 2014 Dr. Ludwig Reichert Verlag Wiesbaden
ISBN: 978-3-95490-027-5
www.reichert-verlag.de
Das Werk einschließlich aller seiner Teile ist urheberrechtlich geschützt.
Jede Verwertung außerhalb der engen Grenzen des Urheberrechtsgesetzes
ist ohne Zustimmung des Verlages unzulässig und strafbar.
Das gilt insbesondere für Vervielfältigungen, Übersetzungen, Mikroverfilmungen
und die Speicherung und Verarbeitung in elektronischen Systemen.
Gedruckt auf säurefreiem Papier
(alterungsbeständig – pH7, neutral)
Printed in Germany

Prefácio *Vorwort*

Der Leser geht auf Abenteuerreise mit einem Regentropfen, der ihm Einblick in einige Facetten der portugiesischen Seele gewährt: In einem Wechselspiel zwischen Abenteuerlust und Heimweh / Sehnsucht *saudade*, Freiheitsdrang und solidem Familienleben siegt am Ende das Familienglück. Das ermutigt zum nächsten Abenteuer.
Diese kleine Geschichte ist in einer reellen Landschaft integriert – Nordportugal / Portweingebiet. Eine intakte Natur, die zum Träumen einlädt, dient u. a. auch als Anregung für Diskussionen über aktuelle Themen ökologischer Art.

Índice *Inhalt*

A aventura de um pingo de chuva 4
Das Abenteuer eines Regentropfens

Suplemento de exercícios e atividades 12
Anhang mit Übungen und Spielanregungen

I) Expressões do dia a dia 12
    Alltagsausdrücke

II) Exercícios de compreensão de leitura, interpretação, gramática e vocabulário ..13
    Übungen zu Leseverständnis, Textverständnis, Grammatik und Wortschatz

III) Sugestões de atividades para aprofundamento de conhecimentos
     de gramática e de Estudos Sociais 18
     Vorschläge für Übungen zur Vertiefung der Grammatik und Landeskunde

IV) Teste final *Abschlusstest* 19

V) Soluções (dos exercícios e do teste final) *Lösungen* 23

VI) Tabelas de verbos *Verbtabellen* 27
    A. Verbos regulares *regelmäßige Verben* 27
    B. Verbos irregulares *unregelmäßige Verben* 29

I

Eine kleine drollige Wolke schwebte am Himmel. Ein genauer Beobachter, wie bekanntlich nur Kinder es sein können, würde die Form eines Hügels in ihr erkennen. Nach einer Weile war sie deutlich ein Schaf. Oder eher ein Wal? Eigentlich bestand die Wolke aus vielen Tausenden von Wassertropfen, besser gesagt, genau aus einer Million und einem. Der Wind bestimmte ihre Richtung und die Wassertröpfchen genossen es, sich unbekümmert irgendwohin treiben zu lassen, mal schneller, mal langsamer, je nach Laune des Windes.

Allerdings, da war ein einziger Wassertropfen, dem es überhaupt nicht gefiel, immer nur das Gleiche wie die anderen zu tun. Das war ihm zu eintönig, einfach zu doof. Er wollte selbst etwas erleben, was Neues ausprobieren. Bloß an Mut fehlte es ihm, man hätte meinen können, er wäre ein bisschen ängstlich.

Irgendwann, an einem schönen Frühlingsmorgen, war es ihm aber so langweilig, dass er schließlich zu einem Entschluss kam, nämlich sich von seiner Familie und seinen Freunden zu trennen. Er teilte ihnen einfach mit, er wolle auf Entdeckungsreise gehen. «Nein, tue es nicht, das ist Wahnsinn!», riefen die Wassertropfen erschrocken. «Verlasse uns nicht, denn alleine hast du keine Chance», fügte sein bester Freund hinzu. Der trotzige Wassertropfen zögerte zwar, näherte sich aber trotzdem dem Rand seiner Wolke und schaute neugierig nach unten.

Der Morgen dämmerte und die Luft war rein. Klar konnte er die Konturen der Berge erkennen. Er sah deutlich große, gelb getupfte, grüne Flächen mit blauen Streifen, die sich durch die Landschaft schlängelten. Eine bunte neue Welt lockte ihn an. «Auf Wiedersehen», sagte er entschlossen, als er sich als Regentropfen von seiner Wolke löste und fallen ließ.

A aventura de um pingo de chuva

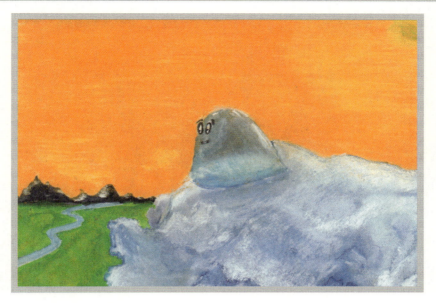

I

1. Uma nuvenzinha muito engraçada pairava no céu. Um bom observador, que, como se sabe, só o pode ser uma criança, reconheceria nela a forma de uma colina. Passado algum tempo ela era, nitidamente, uma ovelha. Ou seria uma baleia? No fundo, a nuvem era constituída por muitos milhares de gotas de água, ou mais precisamente por um milhão e uma. O vento é que lhes determinava a direção e as gotinhas adoravam deixar-se andar à deriva, despreocupadas, ao sabor do vento, umas vezes mais depressa, outras vezes mais devagar.

2. Havia, contudo, uma única gota de água que não gostava nada de fazer sempre o mesmo que as outras. Achava isso muito maçador, pura e simplesmente chato. Ela queria fazer experiências próprias, vivências novas. Só lhe faltava coragem, até dava a impressão de ser um pouco medrosa.

3. Certo dia, numa linda manhã de primavera, a gota estava tão aborrecida que, por fim, acabou por tomar a decisão de se separar da sua família e dos seus amigos. Disse-lhes apenas que queria ir descobrir mundo. «Não, não faças isso, que loucura!», gritaram as gotas de água assustadas. «Não nos abandones, pois sozinha estás perdida», acrescentou a sua melhor amiga. No princípio a gotinha teimosa ainda hesitou um pouco, mas depois aproximou-se da borda da sua nuvem e, cheia de curiosidade, olhou para baixo.

4. Nascia o dia, a manhã estava clara. A gota de água reconhecia, perfeitamente, os contornos das montanhas. Via, nitidamente, grandes superfícies verdes matizadas de amarelo com umas faixas azuis que serpenteavam pela paisagem. Um novo mundo multicolor cativava-a. «Adeus», disse ela, decidida, separando-se da sua nuvem e deixando-se cair sob a forma de pingo de chuva.

II

Einem aufregenden Flug folgte eine etwas unsanfte, dennoch gelungene Landung. Der Regentropfen schaute sich erst mal um. Er hatte Glück gehabt, denn er war mitten in einer blauen Lilie gelandet. Auf einmal duftete es herrlich. Das Zwitschern der Vögel hatte einen tollen Klang. Trotzdem, da gab es etwas, das ihn irritierte. Was war das? – Irgendetwas blendete ihn. Aus einer Wasserquelle entsprang rauschend ein kleines Bächlein. Die Sonne spiegelte sich in ihm. Darum dieses unheimliche Licht. Ringsherum war es unbeschreiblich schön: Prachtvolle Blüten mit berauschendem Duft … «Pass auf!», schrie die Lilie. Der Regentropfen erkannte in letzter Sekunde, dass ein durstiger Spatz sich ihm näherte. Blitzschnell versteckte er sich in seiner Blume. So schnell wie er gekommen war, flog der Spatz auch wieder davon. «Uff, das war knapp», sagte er erschrocken. «Ja, die Gefahr lauert überall. Sei wachsam!», erwiderte die Lilie.

Ungefährlich war die neue Welt wirklich nicht, vor allem wenn man auf sich alleine gestellt war. Der Regentropfen verstand seine erste Lektion und hielt es für vernünftiger, sich in den Bach gleiten zu lassen. Im Wasser war er gut aufgehoben. Er ließ sich treiben, diesmal allerdings mit dem Wasser. Er war begeistert von der Natur, vor allem von dem Farbwechsel. Am Bach entlang gaben Unmengen von gelben, weißen und blauen Lilien den Ton an. Die Schmetterlinge faszinierten ihn, es war alles wunderschön. Nach einer Weile wurde es ihm beinahe schwindelig, so schnell sauste plötzlich der Bach. Alles raste an ihm vorbei. Erst als der Bach sich zu einem kleinen Fluss entwickelte, wurde ihm wieder wohler. Endlich durfte er in Ruhe die Libellen und die feuerrote Sonne bewundern. Das Ende eines turbulenten Tages rückte näher. Der Regentropfen ließ sich vom Wasserlauf in den Schlaf wiegen.

II

5) A um voo excitante seguiu-se uma aterragem um pouco brusca, mas bem sucedida. Antes de mais, o pingo de chuva olhou à sua volta. Tinha tido sorte, pois tinha caído mesmo em cima dum lírio roxo. De súbito, o ar estava perfumado. O chilrear dos pássaros soava muito bem. Contudo, havia algo que o incomodava. Mas o que era? Alguma coisa o cegava. Duma nascente de água brotava, sussurrante, um ribeirinho muito pequenino. O Sol refletia-se nele. Daí aquela estranha luz. Em seu redor tudo era de uma beleza indescritível: flores esplêndidas de intenso cheiro ... «Cuidado!», gritou o lírio. Num milésimo de segundo, o pingo apercebeu-se dum pardal sequioso que se aproximava. Num ápice, escondeu-se na sua flor. O pardal foi-se logo embora. «Ui, foi por um triz», disse o pingo assustado. «Pois é, o perigo está sempre à espreita, em todo o lado. Sê prudente!», retorquiu o lírio.

6) Na realidade o novo mundo não era lá muito seguro, principalmente para quem tem de tomar conta de si próprio. O pingo de chuva compreendeu a sua primeira lição e achou mais sensato deslizar para o ribeiro. Na água estava em segurança. Deixou-se levar, desta vez ao sabor da corrente de água. Estava encantado com a Natureza, sobretudo com a diversidade de cores. Nas margens do ribeiro reinavam o amarelo, o branco e o roxo dos lírios. As borboletas fascinavam-no, tudo era maravilhoso. Passado algum tempo começou a sentir-se um pouco tonto, pois, de repente, a água do ribeiro corria muito depressa. Tudo passava por ele a enorme velocidade. Só quando o ribeirinho se transformou num pequeno rio é que ele voltou a sentir-se melhor. Finalmente, podia admirar as libélulas e o sol rubro. Aproximava-se o fim de um dia agitado. O pingo de chuva deixou-se adormecer embalado pela corrente de água.

III

Am nächsten Tag wachte der Regentropfen früh auf, inmitten eines wilden Treibens. Ein Fischotter war gerade dabei, seine Tauch- und Schwimmkunststücke einzuüben. Lustig war es. Der Regentropfen war so vergnügt, dass er fast eine Ratte übersehen hätte. «Hoppla», sagte er, «schon wieder war ich ein kleines bisschen leichtsinnig». Er erinnerte sich an den guten Rat der Lilie und an die Worte seines besten Freundes. Zum ersten Mal sehnte er sich nach seiner Familie und seinen Freunden.

Eine Forelle nahm ihn in seiner Traurigkeit wahr und wollte ihn trösten. «Ach, ich möchte zurück, zuerst zu der Lilie und dann nach Hause», seufzte er. «Wohin zurück? Wenn du gegen den Strom schwimmen willst, vergiss es! Das geht nicht», erwiderte sie. «Wie soll ich sonst zur Quelle kommen?», beharrte er. «Keine Ahnung, ich weiß nur: Gegen den Strom kann man nicht schwimmen.» Sprachlos entfernte sie sich und wagte ab und an einen kleinen Sprung im Wasser. Verwirrt blieb der Regentropfen zurück. «So ein Quatsch», murmelte er.

Die Frösche leisteten ihm Gesellschaft, trotzdem fühlte er sich einsam. Nicht einmal die farbenprächtigen Schmetterlinge erfreuten ihn. Langsam und öde schwamm er den ganzen Tag dahin und grübelte, ob das wirklich das war, was er sich so innig gewünscht hatte.

III

7 No dia seguinte, o pingo de chuva acordou cedo, no meio duma grande agitação. Uma lontra estava a treinar as suas habilidades de natação e de mergulho. Tinha muita piada. O pingo de chuva estava tão distraído que quase não viu uma ratazana. «Ai», disse ele, «descuidei-me outra vez». Lembrou-se do bom conselho do lírio e das palavras da sua melhor amiga. Pela primeira vez sentiu saudades da sua família e dos seus amigos.

8 Uma truta notou a sua tristeza e queria consolá-lo. «Ai, quem me dera poder voltar para trás, primeiro para o lírio e depois para casa», disse ele com um suspiro. «Para trás, para onde? Queres nadar contra a corrente? Nem penses! Isso é completamente impossível», respondeu ela. «Então como hei de eu voltar às origens?», teimou ele. «Não faço a mínima ideia, só sei que não podes nadar contra a corrente». A truta afastou-se, sem mais palavras, dando, de quando em vez, um saltito na água. Perturbado, o pingo de chuva deixou-se ficar para trás. «Que disparate», murmurou ele.

9 As rãs ofereciam-lhe companhia, mas, apesar disso, ele sentia-se só. Nem as borboletas luminosas o alegravam. Vagarosamente e com uma sensação de tédio, assim passou ele o dia no rio, refletindo se aquilo era realmente o que ele tanto tinha desejado.

IV

Schlagartig musste der Regentropfen mehrmals blinzeln. Er erblickte Boote. Sie fuhren hin und her. Aus seinem kleinen Fluss war längst ein großer Strom geworden. Eine wunderschöne Brücke überquerte ihn, auf der geschrieben stand: RIO DOURO. Der Regentropfen hatte übersehen, dass er mittlerweile die Stadt Porto erreicht hatte. Er befand sich auf dem «Goldenen Fluss», kurz vor dem Hafen. Tatsächlich war er dem Meer nahe. Majestätisch floss der Douro in den Atlantischen Ozean. Schrill schrien die Möwen. Die Stadt pulsierte voller Leben. Plötzlich wurde dem Regentropfen alles zu viel. Der kleine Abenteurer hatte aufrichtig Angst und wollte nur nach Hause. Schließlich hatte er genug erlebt. Die Sonne verstand ihn in seiner Not. Stark und heiß schien sie.

Der Regentropfen wurde auf einmal leicht, so leicht, dass er bald hoch in den Himmel hinauftrieb. In Kürze war er wieder bei seiner Wolke. Mit großer Freude wurde er von seiner Familie und seinen Freunden empfangen. Eine Million Wassertropfen wollten seine Erzählungen hören. Alle waren total begeistert von seinem Abenteuer. Spät in der Nacht, als sie sich vor lauter Müdigkeit kaum noch wach halten konnten, fassten sie noch einen Entschluss: Jetzt, da sie wieder an der Zahl eine Million und einer waren, wollten sie zusammen die Welt da unten erkunden. Die ganze folgende Nacht träumten sie davon.

Am nächsten Tag früh am Morgen ließen sie sich alle auf einmal als Regentropfen aus ihrer Wolke fallen. Sie flogen in die Tiefe und jubelten vor Freude. Gelandet sind sie allerdings ganz woanders, weit westlich von Portugal, nämlich auf einer Insel der Azoren.

Das aber wird eine andere Geschichte.

A aventura de um pingo de chuva

IV

10 De súbito, o pingo de chuva teve de piscar os olhos várias vezes. Avistava barcos. Eles andavam num vai e vem. O seu pequeno rio já se tinha transformado há muito tempo numa grande corrente de água. Uma ponte lindíssima atravessava-a, na qual estava escrito: RIO DOURO. O pingo de chuva não tinha reparado que, entretanto, já tinha chegado à cidade do Porto. Encontrava-se no rio «de ouro», perto do porto marítimo. Estava, na verdade, quase no mar. Majestosamente, o rio desaguava no Oceano Atlântico. As gaivotas soltavam gritos agudos. A cidade palpitava de vida. De repente, aquilo tudo junto era demasiado para o pingo de chuva . O pequeno aventureiro sentiu um medo profundo e só queria voltar para casa. Já lhe bastava de aventuras. O Sol comoveu-se com a aflição dele, brilhou intensamente e aqueceu imenso.

11 Nisto, o pingo de chuva tornou-se leve, tão leve que, já suspenso, começou a elevar-se no ar. Assim, rapidamente retornou à sua nuvem. Foi recebido pela sua família e pelos seus amigos com a maior alegria. Um milhão de gotas de água queriam ouvir as suas histórias. Todos estavam encantados com as aventuras. Muito tarde, a meio da noite, quando já estavam todos a cair de sono, tomaram uma decisão em conjunto: agora, novamente no número completo de um milhão e um, queriam ir, juntos, à descoberta do mundo lá em baixo. Sonharam com isso toda a noite.

12 No dia seguinte, de manhã cedo, desprendendo-se da sua nuvem, deixaram-se cair todos ao mesmo tempo, sob a forma de pingos de chuva. Num voo íngreme, davam gritos de alegria. Contudo, foram aterrar noutro sítio, a oeste de Portugal, muito longe, numa ilha dos Açores.

13 Mas isto vai ser outra história.

Suplemento de exercícios e atividades

I) Expressões do dia a dia: Português / Alemão

passado algum tempo: nach einer Weile
ou mais precisamente: besser gesagt, genau
andar à deriva: sich treiben lassen, ohne Ziel
ao sabor do vento: je nach Laune des Windes
fazer experiências, vivências novas: neue Erfahrungen machen, etwas Neues ausprobieren
«acabar por» fazer qualquer coisa: schließlich etwas tun
tomar uma decisão: zu einem Entschluss kommen, einen Entschluss fassen
ir descobrir mundo: auf Entdeckungsreise gehen, die Welt erkunden
cativar: anlocken
bem sucedido: gelungen
antes de mais: erst mal
olhar à sua volta: sich umschauen
algo: etwas
alguma coisa: irgendetwas
em seu redor: ringsherum
num ápice: blitzschnell
o perigo está sempre à espreita: die Gefahr lauert überall
estar encantado com qualquer coisa: begeistert sein von etwas
maravilhoso: wunderschön, wunderbar
a enorme velocidade: rasend, zu schnell
estar a treinar (bras.: estar treinando): gerade dabei zu sein, etwas einzuüben
ter muita piada: sehr lustig sein
lembrar-se de: sich erinnern an
pela primeira vez: zum ersten Mal
ter saudade de alguém = sentir saudades de alguém: sich nach jemandem sehnen
consolar alguém: jemanden trösten
«ai quem me dera»: ach, ich möchte / wie ich mir wünschte
nadar contra a corrente/contra a maré: gegen den Strom schwimmen
como hei de eu …?: wie soll ich …?
não fazer a mínima ideia: keine Ahnung haben
sem (mais) palavras: sprachlos
de quando em vez = de vez em quando: ab und an
que disparate!: so ein Quatsch!
oferecer companhia a alguém: jemandem Gesellschaft leisten
apesar disso: trotzdem
sentir-se só: sich einsam fühlen
«vai e vem»: hin und her
não reparar: übersehen
entretanto: mittlerweile

palpitar de vida: voller Leben pulsieren
ser demasiado/demais: zuviel sein
sentir medo profundo: aufrichtig Angst haben
ser recebido pela família: von der Familie empfangen zu werden
estar a cair de sono: sich vor Müdigkeit kaum wach halten können
sonhar com: träumen von
ao mesmo tempo: gleichzeitig, auf einmal
dar gritos de alegria: jubeln vor Freude
noutro (em + outro) sítio: ganz woanders

II) Exercícios de compreensão de leitura, interpretação, gramática e vocabulário

Capítulo I

A. **Para começar, quatro perguntas. Escolha a resposta certa:**
1) A nuvem era constituída por
    a) muitos milhões de gotas de água.
    b) muitas centenas de gotas de água.
    c) muitos milhares de gotas de água.
2) Havia uma gota de água que
    a) não queria de modo nenhum fazer experiências próprias.
    b) queria fazer experiências novas.
    c) não queria fazer nada de novo.
3) Certo dia
    a) à noitinha, uma gota foi descobrir mundo.
    b) à tardinha, uma gota foi descobrir um mundo novo.
    c) de manhã, uma gota foi à descoberta de um mundo novo.
4) A gota de água deixou-se cair sob a forma de
    a) um floco de neve.
    b) um pingo de chuva.
    c) um cristal de gelo.

B. **Substitua o infinitivo pelo tempo correto: imperfeito ou perfeito?**
1) A nuvem (ser) .... engraçada.
2) A nuvem (ter) .... a forma de uma colina.
3) O vento (determinar) .... a direção da nuvem.
4) Ela (querer) .... experimentar algo de novo.
5) (Faltar-lhe) .... coragem.
6) (Ser) .... primavera.
7) Certo dia, numa manhã de primavera, ela (tomar) .... uma decisão.
8) Certo dia, numa manhã de primavera, ela (despedir-se) .... da família.
9) Certo dia ela (ir) .... descobrir mundo.
10) Certo dia ela só (dizer) .... adeus.

C. **Responda com frases completas:**
1) As gotas de água pensavam todas da mesma maneira?
2) A gota de água aventureira era muito corajosa?
3) A gotinha disse à família e aos amigos que queria fazer aventuras. Como?
4) Qual foi a reação das outras gotas?
5) Que conselho é que a sua melhor amiga deu à gota aventureira?
6) A gotinha seguiu o conselho da família e dos amigos?
7) O que é que ela fez a seguir?
8) Como é que a gota via a paisagem na terra?
9) Como era o mundo «lá em baixo» na terra?
10) Ela despediu-se da família e dos amigos. Como?

D. **Encontre o par (traduzido) e sublinhe as preposições:**
1) am Himmel schweben
2) bestehen aus
3) Tausende von
4) an einem Frühlingsmorgen
5) sich von der Familie trennen
6) sich etwas nähern
7) nach unten schauen
8) grüne Flächen mit blauen Streifen
9) sich fallen lassen von seiner Wolke
10) als Regentropfen
11) ser constituído por
12) sob a forma de pingo de chuva
13) deixar-se cair da sua nuvem
14) pairar no céu
15) milhares de
16) separar-se da família
17) numa manhã de primavera
18) aproximar-se de qualquer coisa
19) olhar para baixo
20) superfícies verdes com faixas azuis

E. **Diga com palavras suas:**
1) «Havia uma única gota de água que não gostava nada de fazer sempre o mesmo que «as outras».»
2) «Ela queria fazer experiências próprias».
3) «Não nos abandones, pois sozinha estás perdida».
4) «Via, nitidamente, grandes superfícies verdes matizadas de amarelo com faixas azuis que serpenteavam pela paisagem».

Exercícios 15

Capítulo II

A. Para continuar, responda às seguintes perguntas de interpretação:
1) Como foi o voo do pingo de chuva?
2) Onde é que ele aterrou?
3) Descreva o ambiente novo em que ele se encontrou de repente.
4) Como carateriza o lírio roxo?
5) O pingo de chuva deixou-se deslizar para o ribeiro. Porquê?
6) O que é que o encantava mais?
7) Que cores reinavam nas margens do ribeiro?
8) A viagem no ribeiro foi sempre agradável?
9) Como foi o primeiro dia de aventuras do pingo?
10) Explique como o pingo adormeceu.

B. Encontre o par:
1) olhar à sua volta
2) em seu redor
3) num ápice
4) o perigo está (sempre) à espreita
5) em todo o lado
6) blitzschnell
7) ringsherum
8) sich umschauen
9) überall
10) die Gefahr lauert überall

C. Ponha no perfeito:
1) Ele (fechar) .... os olhos.
2) O lírio (gritar) ....
3) Ele não (aperceber-se) .... de um pardal.
4) Ele (esconder-se) .... na flor.
5) O pardal (ir-se) .... embora.
6) O pingo (dizer) .... assustado.
7) O lírio (retorquir) ....
8) Ele (compreender) .... a lição.
9) O ribeirinho (transformar-se) .... num rio.
10) Ele (adormecer) .... tranquilo e feliz.

D. Como se diz em alemão?
1) O voo foi excitante.
2) O chilrear dos pássaros era maravilhoso.
3) O Sol refletia-se na água.
4) Tudo era de uma beleza indescritível.
5) Ele escondeu-se na sua flor.

6) «Foi por um triz».
7) Na água ele estava em segurança.
8) O pingo estava encantado com a Natureza.
9) As borboletas fascinavam-no.
10) Aproximava-se o fim de um dia agitado.

E. **Resuma em poucas palavras o primeiro dia do pingo na terra.**

Capítulo III

A. **Qual é a pergunta?**
1) No dia seguinte, o pingo de chuva acordou cedo.
2) Uma lontra estava a treinar as suas habilidades de natação.
3) Ele sentiu saudades da sua família.
4) O pingo lembrou-se do conselho da sua melhor amiga.
5) O pingo estava triste.
6) Uma truta tentou consolá-lo.
7) A truta afastou-se sem palavras.
8) As rãs ofereciam-lhe companhia.
9) Ele sentia-se só.
10) Ele viajou vagarosamente.

B. **Qual é o contrário de:**
1) O pingo estava divertido.
2) Ele queria regressar a casa.
3) A truta afastou-se.
4) Ele sentia-se sozinho.

C. **Interpretação pessoal**
1) Pela primeira vez, o pingo sentiu saudades da sua família e dos seus amigos. O que significa para si saudade?
2) Tem amigos portugueses ou brasileiros? O que é a «saudade» para eles?
3) Na sua opinião, de quê, ou de quem é que se pode ter saudade?
4) Muitos portugueses afirmam que a saudade é um dote celta. Está de acordo?

D. **Confronte o estado de espírito do pingo de chuva de manhã ao acordar e mais tarde, quando se sentiu só. Explique.**

E. **O que acha da afirmação da truta: «Queres nadar contra a corrente? Nem penses! Isso é completamente impossível».**

Capítulo IV

A. Leia as seguintes definições do dicionário. Descubra a palavra correspondente à definição.
1) «Pequena embarcação».
2) «Extensão de água salgada que ocupa a maior parte da superfície terrestre».
3) «Ave aquática de cor branca ou acinzentada, bico curvado e dedos anteriores unidos por uma membrana».
4) «Estrela que constitui o centro do nosso sistema planetário, em torno do qual giram a Terra e os outros planetas».
5) «Conjunto de pequenas gotas de água que se mantêm em suspensão na atmosfera».
6) «Porção de terra cercada de água por todos os lados».

B. Explique com palavras suas:
1) O ambiente do rio Douro quando o pingo chegou ao Porto
2) O estado de espírito do pingo quando avistou o mar.
3) A reação da família e dos amigos do pingo quando ele voltou para casa.
4) Acha esta reação normal? Porquê?

C. Faça um resumo do capítulo IV e dê a sua opinião pessoal relativamente ao fim da história.

D. Escolha uma personagem da história e fale sobre ela.
1) Qual prefere? Porquê?
2) Tem afinidades com alguma? Diga porquê.

E. Conhece o Norte de Portugal?
1) Escreva uma pequena redação sobre um tema relacionado com uma região ou uma cidade do Norte do país.
2) Alternativa: Fale sobre uma região de Portugal à sua escolha.

III) Sugestões de atividades para aprofundamento de conhecimentos de gramática e de Estudos Sociais

1. Imperfeito/perfeito/presente

a) **Contrastes: hoje / antigamente**
O professor leva para a aula duas fotografias, de diferentes épocas, sobre o mesmo tema. Por exemplo: duas fotos do Porto, uma de há muitos anos, outra atual; duas fotos das vindimas na região do Douro, sendo uma de há 50 anos e a outra recente. Os participantes vão descobrir as diferenças e dizem-nas, ou escrevem-nas, começando as frases por, p. ex., «antigamente / hoje em dia» ...

b) **Adivinhe a pessoa famosa**
O professor leva para a aula fotografias de portugueses famosos já falecidos, como, p. ex.: políticos, navegadores (Infante D. Henrique), jogadores de futebol (Eusébio), mas não mostra logo as fotos. A tarefa dos participantes é adivinhar a identidade das pessoas por meio de perguntas, às quais só se pode responder com «sim» ou «não».

c) **Adivinhe a cidade**
Formam-se grupos de 3 ou 4 participantes. Cada grupo escolhe uma cidade portuguesa bem conhecida sem dizer o nome dela aos outros grupos. A seguir, descreve-a (situação, história, caraterísticas próprias, etc.) Os outros grupos tentam adivinhar rapidamente a cidade.

2. Imperfeito, presente e futuro

Passado/presente e futuro: prós e contras
Os participantes formam três grupos.
O grupo N° 1 representa, e defende, o passado (antigamente); o grupo N° 2 defende o presente (hoje) e o N° 3 o futuro (amanhã). O professor oferece temas como por ex. prós e contras da vida na cidade: infraestruturas, oferta de postos de trabalho, possibilidades de formação profissional, poluição do meio ambiente, custo de vida. Cada grupo anota o máximo de argumentos sobre a época que vai defender. No final faz-se um debate entre os três grupos. Desta forma treinam-se os três tempos verbais: imperfeito, presente e futuro.

3. Estudos Sociais

a) **Região do Douro e vinho do Porto**
Recolha de dados e informações com exposição na aula: trabalho em conjunto entre professor e participantes.

b) **Produtos típicos portugueses**
Intercâmbio de ideias sobre produtos como o vinho verde, a filigrana portuguesa, os azulejos, a louça típica (galo de Barcelos), etc.
Contribuição ativa dos participantes: levam artigos portugueses para a aula e falam sobre eles.

c) **À descoberta da cidade do Porto**
Trabalho em grupos com discussão: cada grupo escolhe um tema e apresenta-o. Por ex.: festividades, tradições populares, cultura, desporto, etc.

IV) Teste final

A. 1) Traduza, escreva a letra pedida e <u>adivinhe a palavra-chave</u>:
Freund: ………………….. Escreva a primeira letra: ….. ….. ….. ….. …..
Wolke: ………………….. Escreva a terceira letra: ….. ….. ….. ….. …..
Schmetterling: …………………. Escreva a sétima letra: ….. ….. ….. ….. ….. ….. …..
….. …..
Welt: ………………….. Escreva a terceira letra: ….. ….. ….. ….. …..
Wind: ………………….. Escreva a quarta letra: ….. ….. ….. ….. …..
Wasser: ………………….. Escreva a terceira letra: ….. ….. ….. …..
Lilie: ………………….. Escreva a terceira letra: ….. ….. ….. …..
Regen: ………………….. Escreva a última letra: ….. ….. ….. ….. …..
Palavra-chave: ….. ….. ….. ….. ….. ….. ….. …..

2) Escreva 10 frases no <u>imperfeito</u>, utilizando as seguintes palavras:
a) nuvem / ser / engraçada.
b) gota de água / gostar de / aventuras.
c) manhã / estar / clara.
d) terra / cativar / gota de água.
e) lontra / ter / piada.
f) pingo de chuva / sentir-se / sozinho.
g) ponte / atravessar / rio.
h) rio / desaguar / Oceano Atlântico.
i) ele / elevar-se / ar.
j) todos / estar / encantados.

3) Complete as expressões:
a) Ter saudades …………………. alguém.
b) O perigo está sempre …………………. espreita.
c) Estar encantado …………………. alguma coisa.
d) Ao sabor …………………. vento.
e) Nadar …………………. a corrente.
f) Não fazer …………………. mínima ideia.
g) De vez …………………. quando.
h) Estar …………………. cair …………………. sono.
i) Sonhar …………………. alguém.

B. 1) <u>Complete</u> as seguintes frases de acordo com o texto, <u>apoiando-se na sua memória</u>:
a) …………………. uma gota de água que não …………………. de fazer sempre o mesmo que as outras. …………………. isso maçador, pura e simplesmente chato. Ela ………………….fazer experiências próprias.

b) .... o dia, a manhã .... clara. A gota de água .... , perfeitamente, os contornos das montanhas. .... , nitidamente, grandes superfícies verdes. Um novo mundo ....
c) «Cuidado!», ... o lírio. Num milésimo de segundo, o pingo .... dum pardal sequioso. Num ápice, ... na sua flor. O pardal .... -se logo embora.
d) .... encantado com a Natureza. Nas margens do ribeiro .... o amarelo, o branco e o roxo dos lírios. As borboletas .... -no, tudo .... maravilhoso.
e) O seu pequeno rio já se .... numa grande corrente de água. Uma ponte lindíssima atravessava-a. O pingo de chuva não .... que, entretanto, já .... à cidade do Porto.

2) **Escreva frases com o contrário de:**
a) pouco
b) velho
c) corajoso
d) feio
e) acompanhado
f) vagarosamente
g) inimigo
h) grande
i) triste
j) divertido

3) **Complete com a preposição e / ou com a forma contraída da preposição com o artigo:**
a) Uma lontra estava .... treinar.
b) Lembrou-se .... conselho .... lírio.
c) Não se pode nadar .... a corrente.
d) Os barcos andavam .... vai e vem.
e) Foi recebido .... sua família e .... seus amigos.
f) Ele avistou o mar .... primeira vez.
g) Ele estava .... rio Douro, perto .... porto marítimo.
h) Já lhe chegava .... aventuras.

C. 1) **Substitua o infinitivo pelo tempo correto: perfeito ou imperfeito?**
a) Na manhã seguinte o pingo de chuva (acordar) .... cedo.
b) Uma lontra (estar) .... a treinar as suas habilidades de natação.
c) O pingo de chuva (estar) .... muito divertido.
d) Nesse momento, o pingo de chuva (lembrar-se) .... do conselho da sua amiga e (sentir) .... saudades dela.
e) Ele (sentir-se) .... completamente só.
f) Os barcos (andar) .... num vai e vem.

g) Na ponte (estar) ………………. escrito: rio Douro.
h) Tudo aquilo (ser) ……………… demasiado para o pingo de chuva.
i) Nesse momento ele (sentir) ………………. medo.

2) Escreva o <u>substantivo com o respetivo artigo</u>, utilizando, se necessário, o dicionário:
a) observar
b) decidir
c) aterrar
d) refletir
e) compreender
f) encantar
g) fascinar
h) correr
i) acompanhar
j) gritar

3) Qual é a pergunta?
a) O pingo teve de piscar os olhos.
b) Ele avistava barcos.
c) Ele encontrava-se no rio Douro.
d) Majestosamente, o Douro desaguava no Oceano Atlântico.
e) As gaivotas soltavam gritos agudos.
f) Ele sentiu muito medo.
g) O Sol apercebeu-se da sua aflição.
h) O Sol brilhou intensamente.
i) O pingo tornou-se leve.
j) Foi recebido pela família com muita alegria.

D. 1) Qual é o <u>mais-que-perfeito</u>?
a) ele / transformar-se
b) ele / reparar
c) ele / chegar
d) ele nunca / estar
e) ele / retornar
f) ele / compreender
g) ele / adormecer
h) ele/ partir
i) ele / ir
j) ele / sonhar

2) Explique o sentido:
a) uma aterragem bem sucedida
b) de súbito
c) um pardal sequioso

d) estar encantado com a Natureza
e) aproximar-se o fim

3) **Qual é a palavra estranha?**
a) lontra / pardal / ratazana / truta / lírio
b) fonte / água / ovelha / ribeiro / mar
c) acordou / apercebeu / sentiu / gostava / seguiu
d) estava / foi / queria / tinha / era
e) vento / azul / verde / branco / amarelo

E. 1)   Ponha no <u>futuro próximo</u> (ir + infinitivo do verbo principal):
a) eu / gostar
b) tu / dar
c) ele / dizer
d) ela / querer
e) você / fazer
f) nós / chegar
g) vocês / compreender
h) eles / sentir
i) elas / passar
j) vocês / voltar

2) **De acordo com o texto, complete com <u>o adjetivo</u> correspondente:**
a) uma nuvem ………………… .
b) vivências ……………….. .
c) uma manhã ………………… .
d) um mundo ………………… .
e) um lírio ……………….. .
f) um ribeirinho ……………….. .
g) um dia ……………….. .
h) borboletas ……………….. .
i) uma ponte ……………….. .
j) uma corrente de água ………………… .

3) **Qual é o <u>condicional</u>?**
a) eu / adormecer
b) tu / acordar
c) ele / oferecer
d) ela / refletir
e) você / ter
f) nós / ir
g) vocês / tomar
h) eles / cair
i) elas / dar
j) ele / ser

V) Soluções dos exercícios

Capítulo I

A. 1 c); 2 b); 3 c); 4 b).

B. 1) era; 2) tinha; 3) determinava; 4) queria; 5) faltava-lhe; 6) era; 7) tomou; 8) despediu-se; 9) foi; 10) disse.

C. 1) Não, elas não pensavam todas da mesma maneira. Havia uma que não gostava de fazer sempre o mesmo que as outras.
2) Não, a gota de água aventureira não era muito corajosa, ela dava a impressão de ser medrosa.
3) A gotinha disse que queria ir descobrir mundo.
4) As gotas ficaram muito assustadas.
5) Ela deu-lhe o conselho de não partir.
6) A gotinha hesitou mas não seguiu o conselho de ninguém.
7) Ela aproximou-se da borda da sua nuvem e olhou para baixo, cheia de curiosidade.
8) Ela podia ver a paisagem muito bem.
9) O mundo na terra era multicolor e cativante.
10) Ela despediu-se com um «adeus» resoluto.

D. 1 – 14: em (em + o = no); 2 – 11: por ; 3 – 15: de; 4 – 17: em (em + uma = numa), de ; 5 – 16: de (de + a = da); 6 – 18: de; 7 – 19: para; 8 – 20: com; 9 – 13: de; 10 – 12: sob, de.

E. Por exemplo:
1) Entre as gotas de água havia uma que pensava de maneira diferente.
2) Ela queria fazer algo de novo / experimentar coisas novas.
3) Não nos abandones, porque sozinha não irás sobreviver.
4) Reconhecia perfeitamente os grandes campos verdes com flores amarelas (neste caso: giesta *Ginster*) e rios com a forma de serpentes enormes.

Capítulo II

A. 1) O voo foi excitante mas um pouco apressado.
2) Ele aterrou num lírio roxo.
3) O novo ambiente era lindíssimo: perfumado, melodioso, brilhante e colorido.
4) O lírio roxo era bonito, sensato e um bom amigo.
5) Ele deixou-se deslizar para o ribeiro porque na água ele sentia-se seguro.
6) O que mais o encantava era a Natureza colorida.
7) Nas margens do ribeiro reinavam o amarelo, o branco e o roxo.
8) A viagem no princípio foi agradável, depois foi muito agitada e no fim voltou a ser agradável.
9) O primeiro dia do pingo na terra foi muito aventureiro, interessante, mas também um pouquinho perigoso. Felizmente, no fim tudo acabou bem.
10) Ele adormeceu tranquilo, embalado como um bebé.

B. 1 – 8; 2 – 7; 3 – 6; 4 – 10; 5 – 9.

C. 1) fechou; 2) gritou; 3) se apercebeu; 4) escondeu-se; 5) foi-se; 6) disse; 7) retorquiu; 8) compreendeu; 9) transformou-se; 10) adormeceu.

D. 1) Der Flug war aufregend.
2) Das Zwitschern der Vögel war wunderbar.
3) Die Sonne spiegelte sich im Wasser.
4) Alles war unbeschreiblich schön.
5) Er hat sich in seiner Blume versteckt.
6) Das war knapp.
7) Im Wasser war er gut aufgehoben.
8) Der Tropfen war begeistert von der Natur.
9) Die Schmetterlinge faszinierten ihn.
10) Das Ende eines turbulenten Tages rückte näher.

E. Resumo
O pingo de chuva aterrou num lírio roxo, belíssimo. Ele estava tão encantado com o mundo novo que se distraiu. De repente encontrou-se numa situação perigosa, mas o seu amigo lírio ajudou-o e aconselhou-lhe muita prudência para o futuro. Por isso, ele deslizou para um ribeiro, onde continuou a sua viagem. Em segurança, ele adormeceu tranquilamente.

Capítulo III

A. 1) No dia seguinte, o pingo acordou cedo ou tarde? <u>Ou</u>: Quem é que acordou cedo no dia seguinte?
2) O que é que a lontra estava a fazer? <u>Ou</u>: Quem é que estava a treinar as suas habilidades de natação?
3) O que é que ele sentiu? <u>Ou</u>: De quem é que ele sentiu saudades?
4) De que é que o pingo se lembrou?
5) Qual era o estado de espírito do pingo? <u>Ou</u>: O pingo estava triste ou contente?
6) O que é que a truta fez? <u>Ou</u>: Quem tentou consolá-lo?
7) Como é que a truta se foi embora? <u>Ou</u>: Quem é que se afastou?
8) Quem lhe oferecia companhia? <u>Ou</u>: O que faziam as rãs?
9) Quem se sentia só? <u>Ou</u>: Como é que ele se sentia?
10) O que é que ele fez? <u>Ou</u>: Como é que ele viajou?

B. 1) O pingo estava aborrecido.
2) Ele queria sair de casa.
3) A truta aproximou-se.
4) Ele sentia-se acompanhado.

C. Neste exercício só conta a opinião própria do aluno.

D. Ao acordar o pingo de chuva estava bem disposto e divertido. Mais tarde, ele sentiu-se só porque estava triste, aborrecido e desiludido.

E. Para este exercício também só interessa a opinião pessoal do aluno. Contudo, é do conhecimento geral que, normalmente, nadar contra a corrente é extremamente difícil.

Capítulo IV

A. 1) barco, n.m.; 2) mar, n.m.; 3) gaivota, n.f.; 4) Sol, n.m.; 5) nuvem, n.f; 6) ilha, n.f.

B. 1) Quando o pingo chegou ao Porto deparou-se com um rio imponente, grande agitação e muito barulho.

Soluções 25

2) Avistar o mar foi extremamente impressionante para o pingo. Ele emocionou-se, viu-se sozinho e sentiu medo.
3) A sua família e os seus amigos ficaram muito felizes. Todos queriam ouvir as histórias de aventura.
4) A reação é normal, quando um membro da família retorna a casa depois duma ausência.

C. **Resumo**
Quando o pingo de chuva chegou à cidade do Porto ele deparou-se com uma cidade cheia de vida e com um rio majestoso. Ele sentiu-se perdido e teve medo.
O Sol emocionou-se com a aflição dele e começou a aquecer muito. Assim, o pingo começou a elevar-se no ar e regressou rapidamente à sua nuvem, onde foi muito bem recebido pela sua família e pelos seus amigos. Todos tinham curiosidade em ouvir as histórias de aventura e resolveram ir também descobrir mundo. Na manhã seguinte, muito contentes, partiram juntos e foram cair nos Açores.

D. **Como exemplo, a caraterização do <u>pingo de chuva</u>**
• Por um lado, o pingo de chuva era aventureiro e curioso, por outro era um pouco medroso mas, principalmente, muito social. Ele resolveu ir descobrir mundo porque a sua vida era pouco excitante e o mundo na terra cativava-o. Sempre que foi confrontado com situações perigosas, ele reagiu de forma inteligente.
• O pingo de chuva apreciava muito a beleza e o sossego da Natureza. Ele também adorava os insetos, sobretudo as borboletas. Ele gostava de se divertir e quando estava sozinho tinha saudades da sua família e dos seus amigos.
1) Este exercício é pessoal.
2) Este exercício é, igualmente, pessoal.

E. **Sugestão:** procure na internet informações sobre o tema que escolheu.
Este exercício é pessoal.

Teste final

A. 1) a) amigo; b) nuvem; c) borboleta; d) mundo; e) vento; f) água; g) lírio; h) chuva.
Palavra-chave: aventura
2) a) A nuvem era engraçada; b) A gota de água gostava de aventuras; c) A manhã estava clara; d) A terra cativava a gota de água; e) A lontra tinha piada; f) O pingo de chuva sentia-se sozinho; g) A ponte atravessava o rio; h) O rio desaguava no Oceano Atlântico; i) Ele elevava-se no ar; j) Todos estavam encantados.
3) a) de; b) à; c) com; d) do; e) contra; f) a; g) em; h) a, de; i) com

B. 1) a) havia, gostava, achava, queria; b) nascia, estava, reconhecia, via, cativava-a; c) gritou, apercebeu-se, escondeu-se, foi; d) estava, reinavam, fascinavam, era; e) tinha transformado, tinha reparado, tinha chegado.
2) Por exemplo:
a) muito: Na terra era tudo muito bonito.
b) novo: O lírio era o seu novo amigo.
c) medroso: O pingo de água era um pouco medroso.
d) bonito: As borboletas eram muito bonitas.

e) sozinho: O pingo de chuva estava sozinho.
f) rapidamente: Tudo passava por ele rapidamente.
g) amigo: Ele tinha saudades do seu amigo.
h) pequeno: O ribeiro era pequeno.
i) feliz: O pingo sentia-se feliz na Natureza.
j) aborrecido: O pingo estava aborrecido.
3) a) a; b) do (de + o), do; c) contra; d) num (em + um); e) pela (por + a), pelos (por + os); f) pela; g) no (em + o), do; h) de

C. 1) a) acordou; b) estava; c) estava; d) lembrou-se, sentiu; e) sentia-se; f) andavam; g) estava; h) era; i) sentiu
2) a) a observação; b) a decisão; c) a aterragem; d) a reflexão; e) a compreensão; f) o encanto; g) o fascínio; h) a corrida; i) a companhia, o acompanhamento; j) o grito
3) a) O que é que o pingo teve de fazer?; b) O que é que ele avistava?; c) Onde é que ele se encontrava?; d) Onde (é que) desaguava o rio Douro? Ou: Como é que o rio Douro desaguava no Oceano Atlântico?; e) Quem soltava gritos agudos?; f) O que é que ele sentiu?; g) Quem (é que) se apercebeu da sua aflição?; h) O que é que o Sol fez? Ou: Como brilhou o Sol?; i) O que aconteceu ao pingo?; j) Como é que o pingo foi recebido?

D. 1) a) ele tinha-se transformado; b) ele tinha reparado; c) ele tinha chegado; d) ele nunca tinha estado; e) ele tinha retornado; f) ele tinha compreendido; g) ele tinha adormecido; h) ele tinha partido; i) ele tinha ido; j) ele tinha sonhado
2) a) uma aterragem com êxito; b) subitamente, de repente; c) um pardal com sede; d) estar maravilhado com a Natureza, a Natureza fascinava-o; e) chegar o fim, acabar
3) a) lírio, poque é uma flor e não um animal; b) ovelha, porque é um animal e não é nada relacionado com água; c) gostava, porque é imperfeito e o resto é perfeito; d) foi, porque é perfeito e o resto é imperfeito; e) vento, porque não é uma cor.

E. 1) a) eu vou gostar; b) tu vais dar; c) ele vai dizer; d) ela vai querer; e) você vai fazer; f) nós vamos chegar; g) vocês vão compreender; h) eles vão sentir; i) elas vão passar; j) vocês vão voltar
2) a) uma nuvem engraçada, pequena, etc.; b) vivências novas, diferentes, etc.; c) uma manhã linda, bonita, etc.; d) um mundo novo, colorido, etc.; e) um lírio roxo, perfumado, etc.; f) um ribeirinho pequeno, pequenino, etc.; g) um dia agitado, diferente, etc.; h) borboletas coloridas, maravilhosas, etc.; i) uma ponte lindíssima, bonita, etc.; j) uma corrente de água grande, majestosa, etc.
3) a) eu adormeceria; b) tu acordarias; c) ele ofereceria; d) ela refletiria; e) você teria; f) nós iríamos; g) vocês tomariam; h) eles cairiam; i) elas dariam; j) ele seria

VI) Tabelas de verbos

A. Tabela N° 1, verbos regulares

Verbos regulares da primeira, segunda e terceira conjugação: **-ar, -er, -ir**

1. INDICATIVO *(Indikativ = Wirklichskeitsform)*

a) Presente *(Präsens = Gegenwart)*

tom**ar**: eu tom**o**; tu tom**as**, ele/ela/você tom**a**; nós tom**amos**; vocês, eles/elas tom**am**

escrev**er**: eu escrev**o**; tu escrev**es**; ele/ela/você escrev**e**; nós escrev**emos**; vocês, eles/elas escrev**em**

part**ir**: eu part**o**; tu part**es**; ele/ela/você part**e**; nós part**imos**; vocês, eles/elas part**em**

Die Formen entsprechen dem deutschen: *ich nehme; ich schreibe; ich fahre weg, ab* usw.

b) Perfeito simples *(Perfekt = vollendete Vergangenheit)*

tom**ar**: eu tom**ei**; tu tom**aste**; ele/ela/você tom**ou**; nós tom**ámos**; vocês, eles/elas tom**aram**

escrev**er**: eu escrev**i**; tu escrev**este**; ele/ela/você escrev**eu**; nós escrev**emos**; vocês, eles/elas escrev**eram**

part**ir**: eu part**i**; tu part**iste**; ele/ela/você part**iu**; nós part**imos**; vocês, eles/elas part**iram**

Die Formen entsprechen dem deutschen: *ich habe genommen; ich habe geschrieben; ich bin weggefahren* usw.

c) Imperfeito *(Imperfekt = 1. Vergangenheit)*

tom**ar**: eu tom**ava**; tu tom**avas**; ele/ela/você tom**ava**; nós tom**ávamos**; vocês, eles/elas tom**avam**

escrev**er**: eu escrev**ia**; tu escrev**ias**; ele/ela/você escrev**ia**; nós escrev**íamos**; vocês, eles/elas escrev**iam**

part**ir**: eu part**ia**; tu part**ias**; ele/ela/você part**ia**; nós part**íamos**; vocês, eles/elas part**iam**

Die Formen entsprechen dem deutschen: *ich nahm; ich schrieb; ich fuhr weg* usw.

d) Mais-que-perfeito composto *(Plusquamperfekt = 3. Vergangenheit)*

tom**ar**: eu tinha tomado; tu tinhas tomado; ele/ela/você tinha tomado; nós tínhamos tomado; vocês, eles/elas tinham tomado

escrev**er**: eu tinha escrito; tu tinhas escrito; ele/ela/você tinha escrito; nós tínhamos escrito; vocês, eles/elas tinham escrito

part**ir**: eu tinha partido; tu tinhas partido; ele/ela/você tinha partido; nós tínhamos partido; vocês, eles/elas tinham partido

Die Formen entsprechen dem deutschen: *ich hatte genommen; ich hatte geschrieben; ich war weggefahren* usw.

e) Futuro *(Futur = Zukunft)*
tom**ar**: eu tomar**ei**; tu tomar**ás**; ele/ela/você tomar**á**; nós tomar**emos**; vocês, eles/elas tomar**ão**
escrev**er**: eu escrever**ei**; tu escrever**ás**; ele/ela/você escrever**á**; nós escrever**emos**; vocês, eles/elas escrever**ão**
part**ir**: eu partir**ei**; tu partir**ás**; ele/ela/você partir**á**; nós partir**emos**; vocês, eles/elas partir**ão**
Die Formen entsprechen dem deutschen: *ich werde nehmen; ich werde schreiben; ich werde wegfahren* usw.

Merke: In der Umgangssprache wird das Futur meistens durch eine periphrastische Form – Hilfsverb **ir** + Infinitiv des Hauptverbes – oder das Präsens (nahe Zukunft) ersetzt. Bsp.: **vou tomar** bzw. **tomo** anstatt *tomarei*; **vou escrever** oder **escrevo** an Stelle von *escreverei* usw.

2. CONDICIONAL *(Konditional = Bedingungsform)*
tom**ar**: eu tomar**ia**; tu tomar**ias**; ele/ela/você tomar**ia**; nós tomar**íamos**; vocês, eles/elas tomar**iam**
escrev**er**: eu escrever**ia**; tu escrever**ias**; ele/ela/você escrever**ia**; nós escrever**íamos**; vocês, eles/elas escrever**iam**
part**ir**: eu partir**ia**; tu partir**ias**; ele/ela/você partir**ia**; nós partir**íamos**; vocês, eles/elas partir**iam**
Die Formen entsprechen dem deutschen: *ich würde nehmen; ich würde schreiben; ich würde wegfahren* usw.

3. IMPERATIVO *(Imperativ = Befehlsform)*
tom**ar**:   Afirmativa: tom**a**! (tu); tom**e**! (você); tom**em**! (vocês)
            Negativa: **não** tom**es**!; não tom**e**!; não tom**em**!
escrev**er**: Afirmativa: escrev**e**! (tu); escrev**a**! (você); escrev**am**! (vocês)
            Negativa: **não** escrev**as**!; não escrev**a**!; não escrev**am**!
partir**:   Afirmativa: part**e**! (tu); part**a**! (você); part**am**! (vocês)
            Negativa: **não** part**as**!; não part**a**!; não part**am**!
Die Formen entsprechen dem deutschen:
nimm / nimm nicht; nehmen Sie / nehmen Sie nicht!
schreib / schreib nicht; schreiben Sie / schreiben Sie nicht!
fahr weg / fahr nicht weg; fahren Sie weg / fahren Sie nicht weg!

4. GERÚNDIO *(Gerundium = Verlaufsform)*
tom**ar**: tom**ando** *nehmend*
escrev**er**: escrev**endo** *schreibend*
part**ir**: part**indo** *weg fahrend*

B. Tabela N° 2, verbos irregulares

1. INDICATIVO

a) Presente

dar *(geben)*: eu dou; tu dás; ele/ela/você dá; nós damos; vocês, eles/elas dão
dizer *(sagen)*: eu digo; tu dizes; ele/ela/você diz; nós dizemos; vocês, eles/elas dizem
estar *(sein)*: eu estou; tu estás; ele/ela/você está; nós estamos; vocês, eles/elas estão
fazer *(machen, tun)*: eu faço; tu fazes; ele/ela/você faz; nós fazemos; vocês, eles/elas fazem
haver *(geben, unpersönlich)*: hei; hás; há; havemos; hão
ir *(gehen, fahren, fliegen)*: eu vou; tu vais; ele/ela/você vai; nós vamos; vocês, eles/elas vão
ouvir *(hören, zuhören)*: eu ouço; tu ouves; ele/ela/você ouve; nós ouvimos; vocês, eles/elas ouvem
poder *(können, dürfen)*: eu posso; tu podes; ele/ela/você pode; nós podemos; vocês, eles/elas podem
pôr *(legen, setzen, stellen)*: eu ponho; tu pões; ele/ela/você põe; nós pomos; vocês, eles/elas põem
querer *(wollen, lieben)*: eu quero; tu queres; ele/ela/você quer; nós queremos; vocês, eles/elas querem
saber *(wissen, können)*: eu sei; tu sabes; ele/ela/você sabe; nós sabemos; vocês, eles/elas sabem
ser *(sein)*: eu sou; tu és; ele/ela/você é; nós somos; vocês, eles/elas são
ter *(haben)*: eu tenho; tu tens; ele/ela/você tem; nós temos; vocês, eles/elas têm
ver *(sehen)*: eu vejo; tu vês; ele/ela/você vê; nós vemos; vocês, eles/elas veem

b) Perfeito

dar: eu dei; tu deste; ele/ela/você deu; nós demos; vocês, eles/elas deram
dizer: eu disse; tu disseste; ele/ela/você disse; nós dissemos; vocês, eles/elas disseram
estar: eu estive; tu estiveste; ele/ela/você esteve; nós estivemos; vocês, eles/elas estiveram
fazer: eu fiz; tu fizeste; ele/ela/você fez; nós fizemos; vocês, eles/elas fizeram
haver: houve; houveste; houve; houvemos; houveram
ir: eu fui; tu foste; ele/ela/você foi; nós fomos; vocês, eles/elas foram
ouvir: eu ouvi; tu ouviste; ele/ela/você ouviu; nós ouvimos; vocês, eles/elas ouviram
poder: eu pude; tu pudeste; ele/ela/você pôde; nós pudemos; vocês, eles/elas puderam
pôr: eu pus; tu puseste; ele/ela/você pôs; nós pusemos; vocês, eles/elas puseram
querer: eu quis; tu quiseste; ele/ela/você quis; nós quisemos; vocês, eles/elas quiseram
saber: eu soube; tu soubeste; ele/ela/você soube; nós soubemos; vocês, eles/elas souberam
ser: eu fui; tu foste; ele/ela/você foi; nós fomos; vocês, eles/elas foram
ter: eu tive; tu tiveste; ele/ela/você teve; nós tivemos; vocês, eles/elas tiveram
ver: eu vi; tu viste; ele/ela/você viu; nós vimos; vocês, eles/elas viram

c) Imperfeito

dar: eu dava; tu davas; ele/ela/você dava; nós dávamos; vocês, eles/elas davam
dizer: eu dizia; tu dizias; ele/ela/você dizia; nós dizíamos; vocês, eles/elas diziam
estar: eu estava; tu estavas; ele/ela/você estava; nós estávamos; vocês, eles/elas estavam
fazer: eu fazia; tu fazias; ele/ela/você fazia; nós fazíamos; vocês, eles/elas faziam
haver: havia; havias; havia; havíamos; haviam
ir: eu ia; tu ias; ele/ela/você ia; nós íamos; vocês, eles/elas iam
ouvir: eu ouvia; tu ouvias; ele/ela/você ouvia; nós ouvíamos; vocês, eles/elas ouviam
poder: eu podia; tu podias; ele/ela/você podia; nós podíamos; vocês, eles/elas podiam
pôr: eu punha; tu punhas; ele/ela/você punha; nós púnhamos; vocês, eles/elas punham
querer: eu queria; tu querias; ele/ela/você queria; nós queríamos; vocês, eles/elas queriam
saber: eu sabia; tu sabias; ele/ela/você sabia; nós sabíamos; vocês, eles/elas sabiam
ser: eu era; tu eras; ele/ela/você era; nós éramos; vocês, eles/elas eram
ter: eu tinha; tu tinhas; ele/ela/você tinha; nós tínhamos; vocês, eles/elas tinham
ver: eu via; tu vias; ele/ela/você via; nós víamos; vocês, eles/elas viam

d) Mais-que-perfeito

dar: eu tinha dado; tu tinhas dado; ele/ela/você tinha dado; nós tínhamos dado; vocês, eles/elas tinham dado
dizer: eu tinha dito; tu tinhas dito; ele/ela/você tinha dito; nós tínhamos dito; vocês, eles/elas tinham dito
estar: eu tinha estado; tu tinhas estado; ele/ela/você tinha estado; nós tínhamos estado; vocês, eles/elas tinham estado
fazer: eu tinha feito; tu tinhas feito; ele/ela/você tinha feito; nós tínhamos feito; vocês, eles/elas tinham feito
haver: tinha havido
ir: eu tinha ido; tu tinhas ido; ele/ela/você tinha ido; nós tínhamos ido; vocês, eles/elas tinham ido
ouvir: eu tinha ouvido; tu tinhas ouvido; ele/ela/você tinha ouvido; nós tínhamos ouvido; vocês, eles/elas tinham ouvido
poder: eu tinha podido; tu tinhas podido; ele/ela/você tinha podido; nós tínhamos podido; vocês, eles/elas tinham podido
pôr: eu tinha posto; tu tinhas posto; ele/ela/você tinha posto; nós tínhamos posto; vocês, eles/elas tinham posto
querer: eu tinha querido; tu tinhas querido; ele/ela/você tinha querido; nós tínhamos querido; vocês, eles/elas tinham querido
saber: eu tinha sabido; tu tinhas sabido; ele/ela/você tinha sabido; nós tínhamos sabido; vocês, eles/elas tinham sabido
ser: eu tinha sido; tu tinhas sido; ele/ela/você tinha sido; nós tínhamos sido; vocês, eles/elas tinham sido
ter: eu tinha tido; tu tinhas tido; ele/ela/você tinha tido; nós tínhamos tido; vocês, eles/elas tinham tido
ver: eu tinha visto; tu tinhas visto; ele/ela/você tinha visto; nós tínhamos visto; vocês, eles/elas tinham visto

e) Futuro
dar: eu darei; tu darás; ele/ela/você dará; nós daremos; vocês, eles/elas darão
dizer: eu direi; tu dirás; ele/ela/você dirá; nós diremos; vocês, eles/elas dirão
estar: eu estarei; tu estarás; ele/ela/você estará; nós estaremos; vocês, eles/elas estarão
fazer: eu farei; tu farás; ele/ela/você fará; nós faremos; vocês, eles/elas farão
haver: haverei, haverás, haverá, haveremos, haverão
ir: eu irei; tu irás; ele/ela/você irá; nós iremos; vocês, eles/elas irão
ouvir: eu ouvirei; tu ouvirás; ele/ela/você ouvirá; nós ouviremos; vocês, eles/elas ouvirão
poder: eu poderei; tu poderás; ele/ela/você poderá; nós poderemos; vocês, eles/elas poderão
pôr: eu porei; tu porás; ele/ela/você porá; nós poremos; vocês, eles/elas porão
querer: eu quererei; tu quererás; ele/ela/você quererá; nós quereremos; vocês, eles/elas quererão
saber: eu saberei; tu saberás; ele/ela/você saberá; nós saberemos; vocês, eles/elas saberão
ser: eu serei; tu serás; ele/ela/você será; nós seremos; vocês, eles/elas serão
ter: eu terei; tu terás; ele/ela/você terá; nós teremos; vocês, eles/elas terão
ver: eu verei; tu verás; ele/ela/você verá; nós veremos; vocês, eles/elas verão

2. CONDICIONAL
dar: eu daria; tu darias; ele/ela/você daria; nós daríamos; vocês, eles/elas dariam
dizer: eu diria; tu dirias; ele/ela/você diria; nós diríamos; vocês, eles/elas diriam
estar: eu estaria; tu estarias; ele/ela/você estaria; nós estaríamos; vocês, eles/elas estariam
fazer: eu faria; tu farias; ele/ela/você faria; nós faríamos; vocês, eles/elas fariam
haver: haveria, haverias, haveria, haveríamos, haveriam
ir: eu iria; tu irias; ele/ela/você iria; nós iríamos; vocês, eles/elas iriam
ouvir: eu ouviria; tu ouvirias; ele/ela/você ouviria; nós ouviríamos; vocês, eles/elas ouviriam
poder: eu poderia; tu poderias; ele/ela/você poderia; nós poderíamos; vocês, eles/elas poderiam *(meistens durch das Imperfekt ersetzt: podia usw.).*
pôr: eu poria; tu porias; ele/ela/você poria; nós poríamos; vocês, eles/elas poriam
querer: eu quereria; tu quererias; ele/ela/você quereria; nós quereríamos; vocês, eles/elas quereriam *(meistens durch das Imperfekt ersetzt: queria usw.).*
saber: eu saberia; tu saberias; ele/ela/você saberia; nós saberíamos; vocês, eles/elas saberiam
ser: eu seria; tu serias; ele/ela/ você seria; nós seríamos; vocês, eles/elas seriam
ter: eu teria; tu terias; ele/ela/ você teria; nós teríamos; vocês, eles/elas teriam
ver: eu veria; tu verias; ele/ela/você veria; nós veríamos; vocês, eles/elas veriam

3. IMPERATIVO
dar: dá, dê, deem (afirmativa); não dês, não dê, não deem (negativa)
dizer: diz, diga, digam (afirmativa); não digas, não diga, não digam (negativa)
estar: está, esteja, estejam (afirmativa); não estejas, não esteja, não estejam (negativa)
fazer: faz, faça, façam (afirmativa); não faças, não faça, não façam (negativa)
haver: haja; não haja
ir: vai, vá, vão (afirmativa); não vás, não vá, não vão (negativa)
ouvir: ouve, ouça, ouçam (afirmativa); não ouças, não ouça, não ouçam (negativa)
pôr: põe, ponha, ponham (afirmativa); não ponhas, não ponha, não ponham (negativa)
querer: quer, queira, queiram (afirmativa); não queiras, não queira, não queiram (negativa)
saber: sabe, saiba, saibam (afirmativa); não saibas, não saiba, não saibam
ser: sê, seja, sejam (afirmativa); não sejas, não seja, não sejam (negativa)
ter: tem, tenha, tenham (afirmativa); não tenhas, não tenha, não tenham
ver: vê, veja, vejam (afirmativa); não vejas, não veja, não vejam

4. GERÚNDIO
dar: dando
dizer: dizendo
estar: estando
fazer: fazendo
haver: havendo
ir: indo
ouvir: ouvindo
poder: podendo
pôr: pondo
querer: querendo
saber: sabendo
ser: sendo
ter: tendo
ver: vendo